7 Novembre 1912 V

VENTE

Des Jeudi 7 et Vendredi 8 Novembre 1912

HOTEL DROUOT, SALLE N° 11

A DEUX HEURES

OBJETS D'ART

ET

DE CURIOSITÉ

FAIENCES ET PORCELAINES

Armes, Objets variés, Meubles

ÉTOFFES

COMMISSAIRE-PRISEUR

M° Henri BAUDOIN

Successeur de M. PAUL CHEVALLIER

EXPERTS

MM. MANNHEIM

CATALOGUE

DES

OBJETS D'ART

ET

DE CURIOSITÉ

DE DIVERSES ÉPOQUES

FAIENCES ET PORCELAINES

Armes Européennes et Orientales

MONNAIES, ÉMAUX, BIJOUX, BAGUES, VERRERIE

ORFÈVRERIE, DENTELLES, BRONZES, MEUBLES

ÉTOFFES

Dont la Vente aura lieu à Paris

HOTEL DROUOT, SALLE N° II

LES JEUDI 7 ET VENDREDI 8 NOVEMBRE 1912

À DEUX HEURES

COMMISSAIRE-PRISEUR	EXPERTS
Mᵉ HENRI BAUDOIN	**MM. MANNHEIM**
Successeur de M. PAUL CHEVALLIER	7, rue Saint-Georges
10, rue Grange-Batelière	PARIS

EXPOSITION PUBLIQUE

Le Mercredi 6 Novembre 1912, de 1 h. 1/2 à 6 heures

CONDITIONS DE LA VENTE

Elle sera faite au comptant.

Les adjudicataires paieront *dix pour cent* en sus des enchères.

Paris. — Imp. de l'Art, Ch. Berger, 41, rue de la Victoire.

DÉSIGNATION

FAIENCES ET PORCELAINES

1 — Coupe en terre noire.

2 — Deux vases en céramique émaillée bleu, montés argent. *Maison Risler et Carré.*

3 — Cornet en céladon bleu turquoise. Monture en bronze.

4 — Porte-fleurs, à décor bleu. Porcelaine de Chine.

5 — Deux vases, ornés de salamandres, en céramique bleue de Deck.

6 — Vase, forme sablier, en porcelaine du Japon.

7 — Deux petits vases en poterie chinoise, à décor de personnages.

8 — Manche de couteau en porcelaine d'Allemagne, terminé en bec d'oiseau.

9 — Petite coupe en faïence de Satzuma.

10 — Vase en céramique émaillée bleu, sur base en bronze, à personnages à corps de lions.

11 — Sonnette, décorée de fleurs en relief en porcelaine.

12 — Miroir à main en porcelaine décorée de fleurs.

13 — Vase, en partie en ancienne porcelaine d'Allemagne, à sujet galant sur fond de myosotis en léger relief; revers en plomb, présentant également un fond de myosotis.

14 — Tasse en ancienne porcelaine de l'Inde, ornée, au fond, de deux oiseaux.

15 — Boîte en racine, ornée de deux plaques en faïence du Midi.

16 — Quatre fonds de plats en anciennes faïences de Deruta et de Gubbio, décors variés.

17 — Assiette en ancienne faïence de Delft, décor bleu, écusson d'armoiries timbré d'une couronne de comte.

18 — Deux vases avec couvercles, décorés de réserves à personnages sur fond semé de bleuets. Porcelaine montée bronze.

19 — Plaque de **revêtement**, ornée d'une inscription sur fond à reflets métalliques. Ancienne faïence de Perse.

20 — Plaque de revêtement en ancienne faïence de Perse. Inscription en relief sur fond à reflets métalliques.

21 — Plaque de revêtement, ornée d'un oiseau. Ancienne faïence de Perse à reflets métalliques.

22 — Plaque de revêtement, ornée d'un dragon, rehauts de reflets métalliques. Ancienne faïence de Perse.

23 — Carreau en ancienne faïence orientale, orné d'une large palmette chargée de fleurs.
(Vente Homberg, 1908.)

24 — Deux plaques de revêtement, formées chacune de deux carreaux en ancienne faïence orientale à décor d'inscriptions sur fond bleu.
(Vente Homberg, 1908.)

25 — Plaque de revêtement en ancienne faïence de Perse, décorée d'inscriptions à relief sur fond à reflets métalliques.

ARMES

26 — Stylet, à lame triangulaire et poignée de bronze doré à feuillages, plaquée de nacre. xvie siècle.

27 — Stylet, à poignée à moulures et quillons courts. xviie siècle.

28 — Dague, à poignée partiellement argentée à fleurettes. En partie du xviie siècle.

29 — Dague, à poignée de fer uni. xviie siècle.

3o — Dague, à quillons recourbés. xviie siècle.

31 — Pulvérin du xviie siècle, plaqué d'os gravé.

32 — Pulvérin en cuivre ajouré, décoré d'écussons avec inscription. Fin du xvie siècle.

33 — Pulvérin en fer, garni d'ornements de bronze à armoiries. Italie xvie siècle.
(Vente Spitzer, 1895.)

34 — Pulvérin en fer, à cannelures. xviie siècle.

35 — Amorçoir orné de plaques de fer ajouré, de la fin du xvie siècle.

36 — Cartouchière en fer et bois incrusté d'os. xviie siècle.

37 — Pulvérin en bois incrusté de cuivre et d'os. xviiᵉ siècle.

38 — Deux clés d'arquebuses formant amorçoir. xviiᵉ siècle.

(Vente Fau, 1884.)

39 — Amorçoir oriental en fer.

40 — Deux poignards variés, l'un à poignée incrustée d'argent et à lame ajourée, l'autre à lame quadrangulaire.

41 — Rapière espagnole du xviiᵉ siècle ; garde à corbeille et longs quillons.

42 — Mousquet à rouet, à fût et crosse de bois incrustés d'os ; canon daté : *1661*. Travail allemand du xviiᵉ siècle.

43 — Arquebuse à rouet dite à pied-de-biche ; crosse incrustée d'os. xviiᵉ siècle.

44 — Canon de pistolet, décoré de figures de sainteté et de personnages allégoriques. xviiᵉ siècle.

45 — Hache de mineur, à manche d'os gravé à fleurs, personnages et inscriptions. Travail allemand de la fin du xviiᵉ siècle.

46 — Hallebarde à fer gravé et décoré d'armoiries sur les deux faces.

47 — Pertuisane à longue pointe en fer gravé.

48 — Fusil à silex, du xviiie siècle. Travail
italien avec canon espagnol, daté : *1745*.

49 — Fusil à silex oriental, à canon damasquiné ;
garniture d'argent.

50 — Couteau de chasse allemand ; poignée
garnie de bronze doré. xviiie siècle.

51 — Poignée d'épée, composée d'une garde,
d'une coquille et d'un pommeau en fer doré
à rocailles. Époque Louis XV.

52 — Pistolet-tromblon à silex, du xviiie siècle.

53 — Paire de petits pistolets à silex en acier et
argent, de travail anglais.

54 — Épée de ville, du temps de Louis XV, à
poignée de fer doré à rocailles.

55 — Épée de ville, du temps de Louis XIV, à
poignée incrustée d'argent.

56 — Épée de ville, à poignée d'argent, à quadrillés, de l'époque Régence.

57 — Épée de ville, à poignée de fer doré, à décor de trophées et rocailles. Époque Louis XV.

58 — Épée de ville, du temps de Louis XVI, à poignée de fer, ornée d'un semis de fleurettes dorées.

59 — Épée à poignée d'acier à facettes. Époque Louis XVI.

60 — Épée de ville, à poignée de métal.

61 — Fusil de chasse à deux coups, garni d'argent, du temps de Louis XVI, transformé en fusil à piston.

62 — Fusil à silex, du xviiie siècle, garni d'argent, signé : *De Sainte, à Versailles.*

63 — Petit fer de lance gravé.

64 — Lame d'épée courte.

65 — Deux gaines de trousses en fer ajouré, à personnages. xviie siècle.

66 — Deux éperons en argent.

67 — Deux éperons en fer doré.

68 — Poignard japonais, à fourreau de laque, poignée de métal.

69 — Couteau chinois, à manche de cuivre émaillé.

70 — Poignard oriental, garni de filigrane d'argent avec pierres de couleur.

71 — Couteau, garni d'argent, avec fourreau.

72 — Autre analogue, avec fourreau.

73 — Couteau birman, garni de cuivre.

74 — Poignard courbe à manche d'agate ; fourreau de métal. Travail oriental.

75 — Kama circassien, à fourreau d'argent niellé à arabesques.

76 — Couteau oriental, à large lame ; poignée de bronze.

77 — Kathar indien, à poignée de fer doré à fleurettes.

78 — Petit yatagan, à poignée d'ivoire de morse, garni argent. Travail oriental.

79 — Poignard, à fourreau d'argent niellé. Travail circassien.

80 — Yatagan oriental, à poignée de corne.

81 — Petite rondache persane, à décor d'arabesques.

82 — Deux brassards persans en fer doré, à décor de fleurettes.

83 — Brassard persan en fer, partiellement doré à entrelacs.

84 — Cartouchière orientale en velours bleu.

85 — Sabre courbe, à fourreau garni de fer doré. Travail oriental. La poignée manque.

86 — Sabre indien, à poignée surmontée d'un prolongement.

87 — Sabre indien, analogue au précédent.

88 — Sabre oriental, à lame recourbée, poignée de corne ; garniture d'argent doré.

89 — Sabre courbe oriental, à poignée de corne ; garniture d'argent.

90 — Sabre courbe oriental, garni en partie d'argent.

91 — Sabre courbe oriental ; garniture de fer ciselé.

92 — Yatagan, à poignée d'ivoire de morse, et fourreau d'argent orné de fleurs et oiseaux. Travail oriental.

93 — Yatagan, à poignée d'ivoire de morse, et fourreau de métal garni de corail. Travail turc.

94 — Fusil oriental, garni de métal; crosse en ivoire de morse.

95 — Fusil marocain, à silex.

OBJETS VARIÉS

96 — Neuf pièces de monnaie d'or de Jean le Bon, Charles V et Jeanne de Naples.

(Vente Doucet, 1902.)

97 — Lot de monnaies d'argent, de diverses époques.

98 — Lot de pièces de monnaie et de médailles en bronze.

99 — Lot de pièces de monnaie de bronze : liards, deniers tournois, etc.

100 — Petit cadre-triptyque pour bijou-reliquaire en or, enrichi de pierreries. Fin du xvie siècle.

(*Vente Pichon.*)

101 — Montre à remontoir en or.

102 — Montre à répétition en or, du commencement du xixe siècle.

103 — Montre en or guilloché. Commencement du xixe siècle.

104 — Chaîne de montre en or.

105 — Plaque de bracelet, formée d'un camée agate antique et entouré de turquoises.

106 — Bijou-pendeloque : Saint Jérôme, en or et argent émaillés.

107 — Bijou-pendeloque, forme cœur, en agate, contenant les attributs de la Passion en or émaillé. Espagne, xviie siècle.

(*Vente de la princesse Mathilde, 1904.*)

108 — Broche formée d'une intaille-agate dans un encadrement d'or émaillé.

109 — Deux boucles d'oreilles en or et turquoises.

110 — Bracelet en or et lapis.

111 — Paire de boutons de manchettes : camées montés sur or.

112 — Boucle d'oreille antique en or.

113 — Boucle d'oreille antique en or.

114 — Châtelaine en or et émail, sujet allégorique, enrichie de brillants et de perles, avec breloques, de la fin du xviiie siècle. Elle est accompagnée d'une montre en or émaillé bleu de même époque.

115 — Croix-pendeloque en argent doré et filigrané, enrichie de cabochons et de perles. xviiie siècle.

116 — Petit cadran de pendule en or, signé : *Leroy, à Paris.* xviiie siècle.

117 — Médaillon-pendeloque en mosaïque, allégorique à Napoléon Ier ; monture en or.

118 — Crayon en or avec boule de lapis.

119 — Porte-plume en or.

120 — Porte-mine en or, de la fin du xviiie siècle.

121 — Étui en forme de cariatide, en argent et émail, enrichi de pierreries. Avec étui en galuchat.

(*Vente Pichon.*)

122 — Collier et bracelet en argent et corail.

123 — Broche en or, ornée d'une grisaille.

124 — Broche et deux boucles d'oreilles en or, perles et émail.

125 — Bracelet en or, camée et turquoises.

(*Vente d'Yvon, 1892.*)

126 — Collier formé d'amulettes.

127 — Petite croix en or émaillé.

128 — Trois petites perles.

129 — Camée-agate : sujet mythologique.

130 — Autre camée-agate : cavalier.

131 — Camée intaille agate : guerrier.

132 — Intaille améthyste, montée or.

133 — Lot de petits diamants et petites perles.

134 — Lot de plaques, de camées et d'intailles en agate, lapis, jaspe, etc.

135 — Lot de camées et intailles en agate et verre.

136 — Bague-seringue en argent.

137 — Bague en or, à chaton intaille cornaline : buste de satyre.

138 — Bague en or, à chaton orné d'une miniature du temps de Louis XV.

139 — Deux bagues, l'une en or avec chaton pavé d'une émeraude et de diamants, l'autre en or, ornée d'un monogramme.

140-149 — Sous ces numéros, trente-deux bagues en or enrichies d'intailles et de camées. (Seront divisées.)

150 — Boîte en écaille brune, ornée d'une miniature : Portrait de jeune fille. Commencement du XIXe siècle.

151 — Boîte oblongue à bords festonnés en or.

152 — Monture de boîte à cage en or. Fin du XVIIIe siècle.

153 — Deux boîtes en écaille brune, et éventail en corne.

154 — Deux médaillons ajourés à sujets saints, avec inscriptions, en cuivre émaillé et doré.

155 — Trois cocardes.

156 — Petit groupe : la Vierge et l'Enfant Jésus, sur socle à motifs gothiques. Argent.

157 — Petit plateau oblong en cristal de roche.

158 — Plaque en cuivre champlevé, ornée d'un Christ bénissant.

159 — Plaque de baiser de paix, en émail peint de Limoges, par *Nardon Pénicaud* : l'Annonciation. Commencement du xvie siècle.

160 — Deux plaques, de forme contournée, présentant chacune une figure en grisaille. Email peint de Limoges. xvie siècle.

161 — Plaque en émail peint de Limoges. *Atelier des Pénicaud*, xvie siècle : le Christ de Pitié. Cadre en argent.

(Vente Schewitch, 1906.)

162 — Plaque en ancien émail peint de Limoges : Sainte Anne, la Vierge et l'Enfant Jésus.

163 — Deux clés variées.

164 — Clé avec sa serrure. xviie siècle.

165 — Petite glace dans un cadre en bois noir et os ajouré.

166 — Statuette en bois et ivoire de personnage de la Comédie italienne. Ancien travail allemand.

167 — Boîte, contenant quatre pains d'encre de Chine.

168 — Boîte en laque, contenant dix bâtons d'encre de Chine.

169 — Nombreux bâtons d'encre de Chine.

170 — Deux boîtes en laque, contenant des bâtons d'encre de Chine.

171 — Petit cabinet, contenant des bâtons d'encre de Chine.

172 — Un volume, manuscrit oriental. Relié.

173 — Deux miniatures, provenant d'un manuscrit, à sujets tirés de la vie du Christ, avec encadrements de fleurs. xve siècle.

174 — Lot de nombreuses aquarelles d'architecture.

175 — Un volume : Reproduction photographique du *Bréviaire Grimani*, de Venise.

176 — Croix, revêtue de cuivre gravé à fleurs, avec plaques peintes sous verre. Travail vénitien du xve siècle.

(Vente Boy, 1905.)

177 — Médaillon en marbre blanc : Tête de Silène en haut relief. xviie siècle.

178 — Tête de Minerve, plus grande que nature, en terre cuite. Elle est coiffée du casque. xviiie siècle.

179 — Coffret en bois, garni de pentures en fer. xviie siècle.

180 — Petit cabinet plaqué d'ivoire sculpté en léger relief, à décor d'arabesques. A l'intérieur, Adam et Ève, ainsi que de nombreux animaux. Travail indien.

(Vente Scheffer, 1898.)

181 — Selle de harnachement en cuir, revêtue de cuivre et garnie de bronze. xviiie siècle.

182 — Cave à liqueurs en argent, du commencement du xixe siècle, ornée d'une figure de Hébé. Avec flacons et petits verres.

183 — Bocal en verre émaillé, à figures de personnages avec inscriptions. Travail allemand.

184 — Bocal en verre émaillé, présentant les armes d'Empire. Travail allemand.

185 — Bocal en verre émaillé, présentant le Christ et les armes d'Empire.

186 — Cornet en cristal taillé.

187 — Coupe en cristal bordé d'argent.

188 — Baromètre-thermomètre plaqué d'acajou et garni de bronzes. Commencement du XIXᵉ siècle.

189 — Microscope dans sa boîte.

190 — Stéréoscope avec vues.

191 — Deux fragments de minerai dont un sur base en jade, de travail chinois.

192 — Lot de pierres.

193 — Lot de socles.

194 — Lot d'écrins.

ORFÈVRERIE

195 — Bocal avec couvercle en argent, décor d'écussons et feuillages. Travail allemand.

196 — Tonnelet en argent doré. Travail de Nuremberg, xviiie siècle.

197 — Gobelet obconique en argent gravé, à feuillages et sujets saints. Allemagne, xviiie siècle.

198 — Gobelet obconique en argent repoussé, à feuillages et figures de génies. Allemagne, xviiie siècle.

199 — Gobelet avec couvercle, sur pieds-boules, en argent. Allemagne, xviiie siècle.

200 — Flacon-aspersoir en cristal gravé, bouchon en argent. xviiie siècle.

201 — Huilier en cristal gravé, monté argent.

202 — Deux cache-pots en argent, ornés de guirlandes. *Maison Risler et Carré.*

203 — Grand plateau ovale en argent, du commencement du xixe siècle.

204 — Coupe ovale en cristal, dans une monture en argent doré. *Maison Risler et Carré.*

205 — Coupe en verre vert, montée argent.

206 — Deux légumiers avec couvercles en argent. Chiffrés. *Maison Odiot*

207 — Deux petits vases en argent à guirlandes de lauriers. *Maison Risler et Carré.*

208 — Deux sucriers avec plateaux en cristal ; monture en argent doré. *Maison Risler et Carré.*

209 — Service à thé en argent doré, composé d'un plateau chiffré C M, d'une théière, un sucrier, un pot à eau, un pot à crème, une pince à sucre, une passoire. *Maison Odiot.*

210 — Trois coupes variées en argent.

211 — Gobelet en cristal, avec couvercle en argent.

212 — Petit plateau rond en argent.

213 — Deux vases en cristal, montés argent doré. *Maison Risler et Carré.*

214 — Deux coupes oblongues à fruits. Travail allemand.

215 — Paire de ciseaux à raisin en argent.

216 — Coupe à pans, sur pied en argent doré, à inscriptions hébraïques. XVIIIe siècle.

217 — Petite coupe avec couvercle simulant un lotus en argent.

218 — Petit gobelet en argent uni.

219 — Deux coquetiers en argent gravé.

220 — Pelle à sel en argent.

221 — Petite coupe oblongue en argent à rocailles.

222 — Tasse et trois récipients en argent, chiffrés J. C.

223 — Coffret en argent, à décor de sujets allégoriques et fleurs.

224 — Deux petits gobelets en argent, chiffrés l'un J. M., l'autre L.

225 — Petite boîte ronde en argent uni, chiffrée E. M.

226 — Deux récipients, verre gravé et verre rouge, avec couvercles en argent.

227 — Moutardier en verre dépoli et argent.

228 — Calice et patène en argent doré ; le calice
est orné de sujets saints, d'attributs de la
Passion et de mascarons. Avec écrin en cuir
fauve doré.

229 — Cafetière en argent. Travail oriental.

230 — Plateau rond en métal gravé et chiffré.

231 — Petit plat ovale à soufflé en métal.

DENTELLES, ÉTOFFES

232 — Deux mètres cinquante d'ancienne gui-
pure plate de Venise.

233 — Bande d'ancienne toile brodée marron, à
dessin régulier.

234 — Bande d'ancienne toile brodée rouge, à
dessin d'animaux. Travail de Chypre.

235 — Deux manches en tulle brodé et point
d'Angleterre.

236 — Deux bandes, composées de carrés de
filet.

237 — Deux coussins en satin rouge, ornés de passementeries. xvie siècle.

238 — Dalmatique en satin broché à ramages polychromes, ornée de carrés de brocatelle à sujets saints. xvie siècle.

239 — Chasuble et deux dalmatiques en brocatelle rouge à ramages, ornées de carrés de broderies de soie et d'argent doré à sujets saints. xvie siècle.

240 — Chape en velours ciselé à fleurs et animaux en rouge sur fond jaune. xvie siècle.

241 — Deux bandes de lampas vert et jaune, à dessin de fruits. xvie siècle.

242 — Trois écharpes, coton brodé. Travail oriental.

243 — Bandeau et deux petits rideaux en peluche rouge ornés de fragments d'orfrois du xvie siècle, en broderie de soie et d'argent doré sur fond de velours rouge.

244 — Couvre-lit en satin bleu pâle, broderie à grosses fleurs. xviie siècle.

245 — Couvre-lit en soie rouge brodée de soie de couleur à fleurs. xviie siècle.

246 — Jupe défaite en satin bleu pâle, brodée à fleurs et quadrillés. Époque Régence.

247 — Ciel de lit en satin bleu brodé d'argent, à fleurs avec paillettes. xviiie siècle.

248 — Tapis de table en satin rouge bordé de velours rouge, avec ornements en application.

249 — Dessus de piano en peluche rouge et applications.

250 — Vêtement mexicain.

251 — Autre.

252 — Passementerie d'uniforme autrichien.

253 — Lot de toiles peintes, avec passementerie.

254 — Tapis persan en velours noir brodé à fleurs.

255 — Autre analogue.

256 — Foukousa japonais en satin bleu brodé, présentant un grand oiseau.

257 — Foukousa japonais en soie bleue, avec broderie à dessin d'oiseaux.

258 — Foukousa japonais en satin bleu foncé, brodé à dessin d'oiseaux.

259 — Carré en tapisserie dite point des Gobelins, décoré d'un caractère d'écriture. Travail chinois.

260 — Autre, à dessin de grues.

261 — Lot de franges de diverses époques.

BRONZES ET MEUBLES

262 — Figurine, en bronze doré, d'homme nu. Italie, fin du xve siècle.

263 — Plaquette en bronze : la Tempérance. Allemagne, xvie siècle.

264 — Deux marteaux de portes aux armes des Médicis.

265 — Applique, formée de feuillages, en bronze, du xviie siècle.

266 — Quatre appliques, simulant des dais, en bronze.

267 — Grande aiguière en ancienne dinanderie,
déversoir à tête chimérique.

268 — Tête, grandeur nature, de satyre, en bronze
à patine verte.

269 — Deux candélabres à quatre lumières, en
bronze argenté, à décor de guirlandes, cannelures, feuillages, etc.

270 — Lot de bronzes pour monture de vases.

271 — Table genre Renaissance en bois sculpté.

272 — Table Tronchin en acajou, du temps de
Louis XVI, garnie de cuivres.

273 — Meuble à hauteur d'appui en bois sculpté,
ouvrant à deux portes.

www.ingramcontent.com/pod-product-compliance
Ingram Content Group UK Ltd.
Pitfield, Milton Keynes, MK11 3LW, UK
UKHW031723170726
13836UKWH00001B/399